नन्ही उँगलियाँ

लेखन शीला धीर चित्र मुग्धा सेठी
अनुवाद सुष्मा रौशन

Tulika

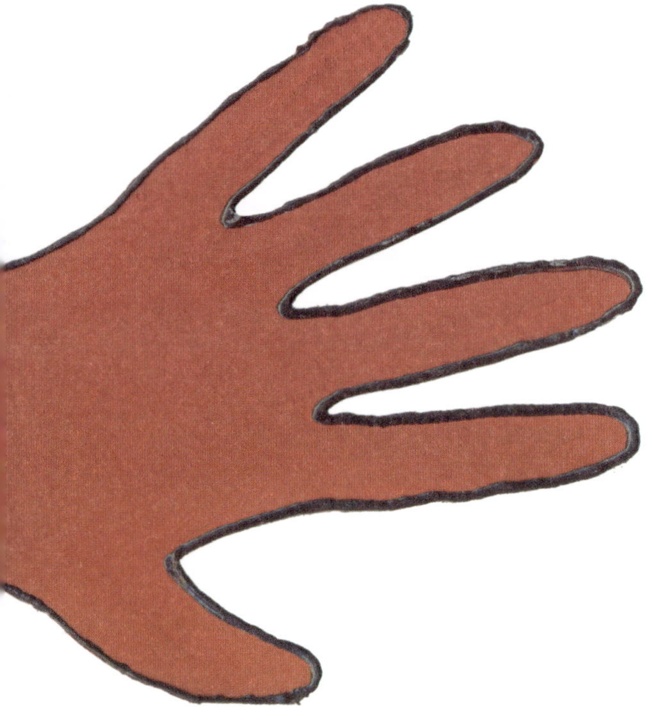

मेरी नन्ही उँगलियाँ,
दस हाथ में दस पाँव में।

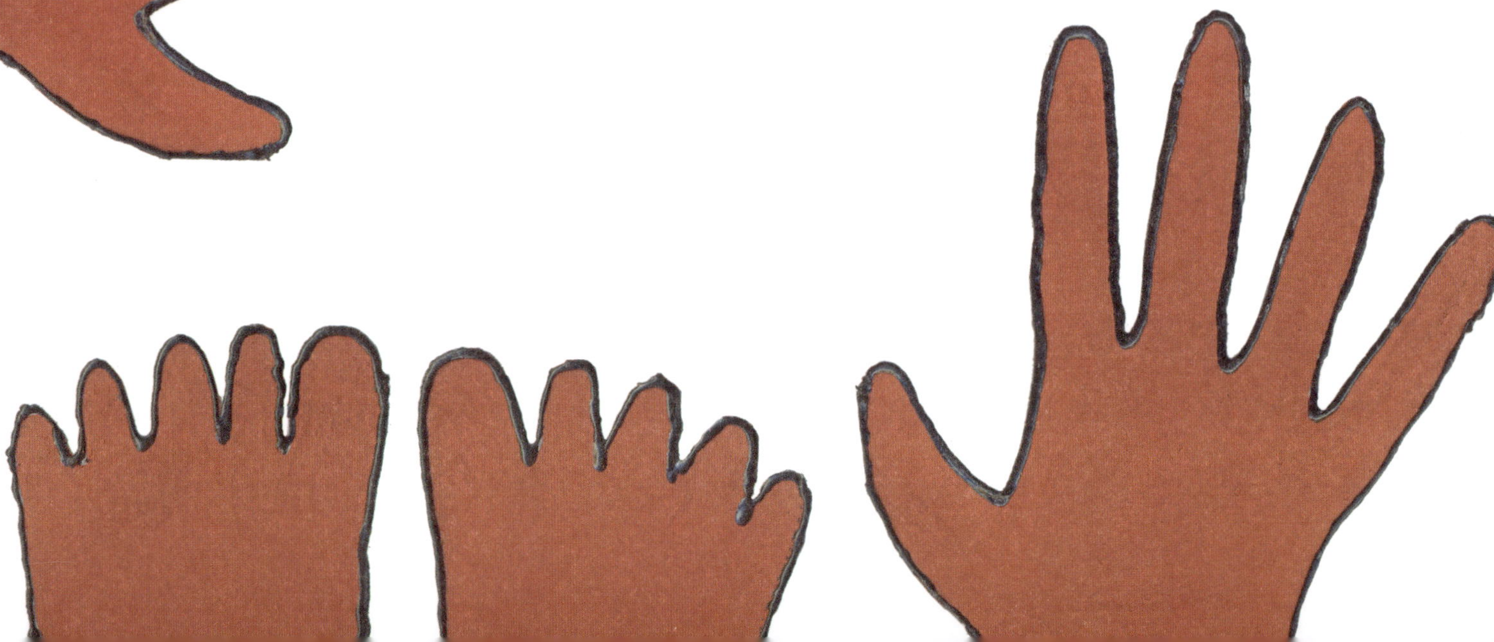

चाँद पकड़ कर देखना चाहें जाता ये किस गाँव में।

हर उँगली है अलग अलग और अलग है उनकी छाप।

ढेरों ढेर जानवर बन जाते, देखो अपने आप।

सब से पहले मेरा अँगूठा,

इस के बिन मेरा क्या होता!

आम खाना तो दूर की बात, पकड़ना भी मुश्किल होता।

उसके बाद तर्जनी की बारी,

अच्छी तरह जो करे इशारे।

पेंन्सिल पकड़ कहानी खींचे

जो मेरा मन सुनाना चाहे।

बीच की उँगली सबसे लंबी, इतनी लंबी दिखती है।

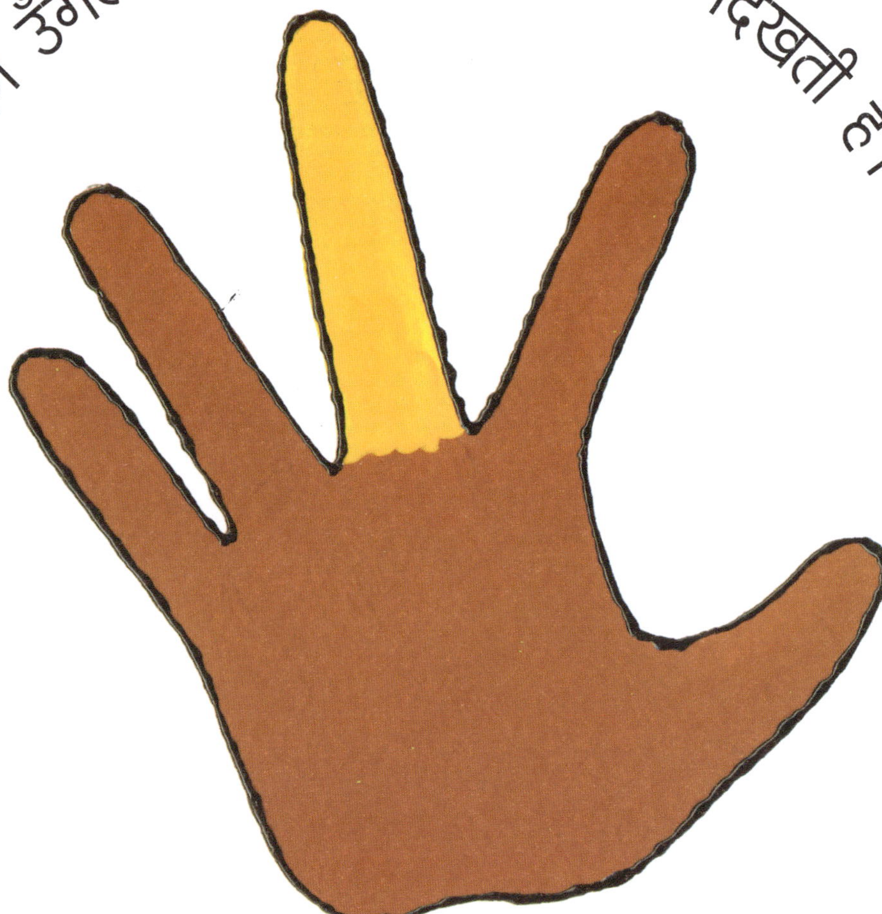

बाकी सब ठिगने लगते हैं
जब यह टोपी पहनती है।

चौथी उँगली को सब की ज़रूरत

और उसकी ज़रूरत है सबको।

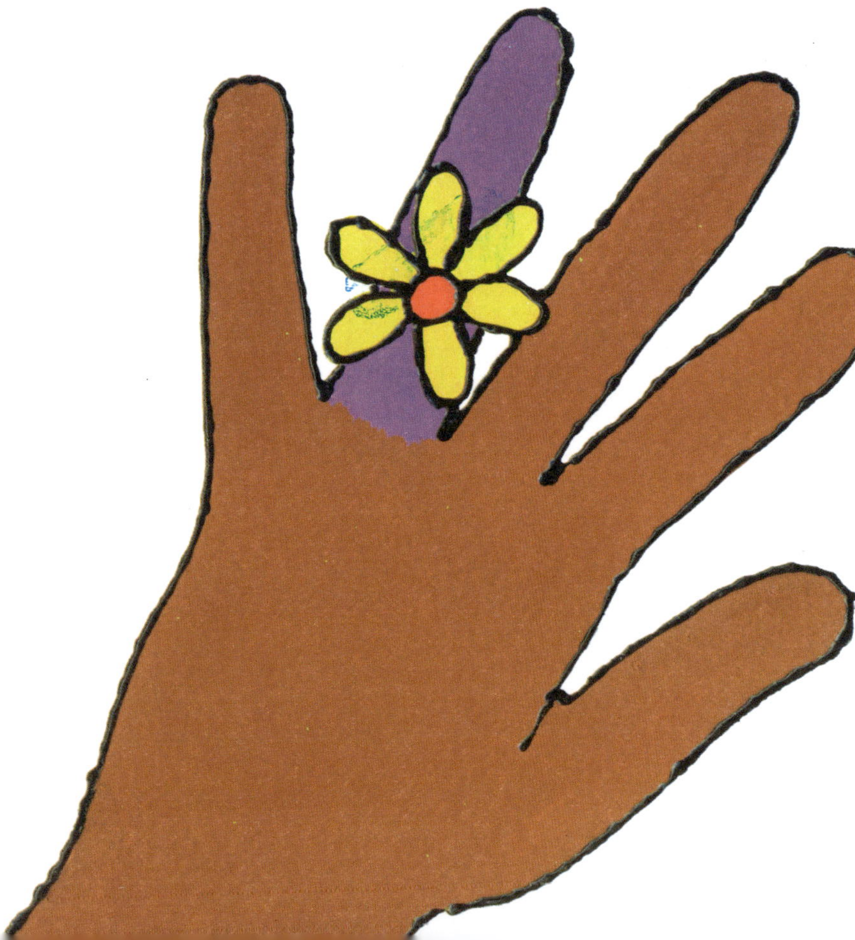

टाईप करो या आटा गूँधो,
या बजाओ तबले को।

आखिर में मेरी पाँचवी उँगली, सब से छोटी वाली।

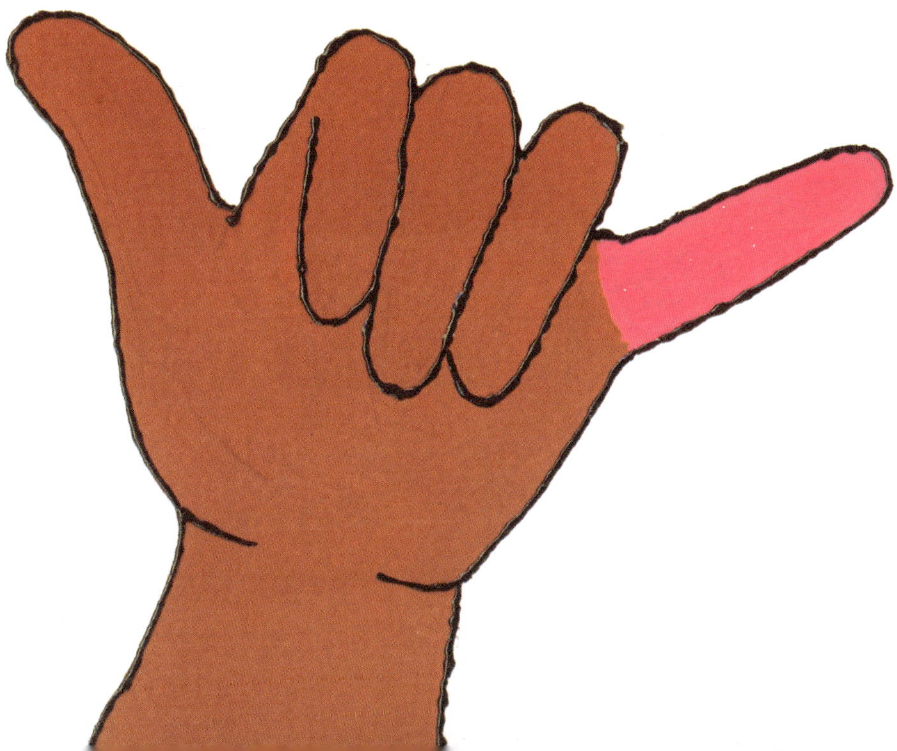

साथ अँगूठे के यह चलती नापने मापने वाली।

दो हाथों और दस उँगलियों से

कर सकती हूँ ढेरों काम।

ताली, चुटकी, ढोल बजाऊँ, या रंग दूँ
दीवार पर नाम।

गिनूँ उठाऊँ पकड़ूँ फेंकूँ,
या खरोंचूँ मच्छर की मार,

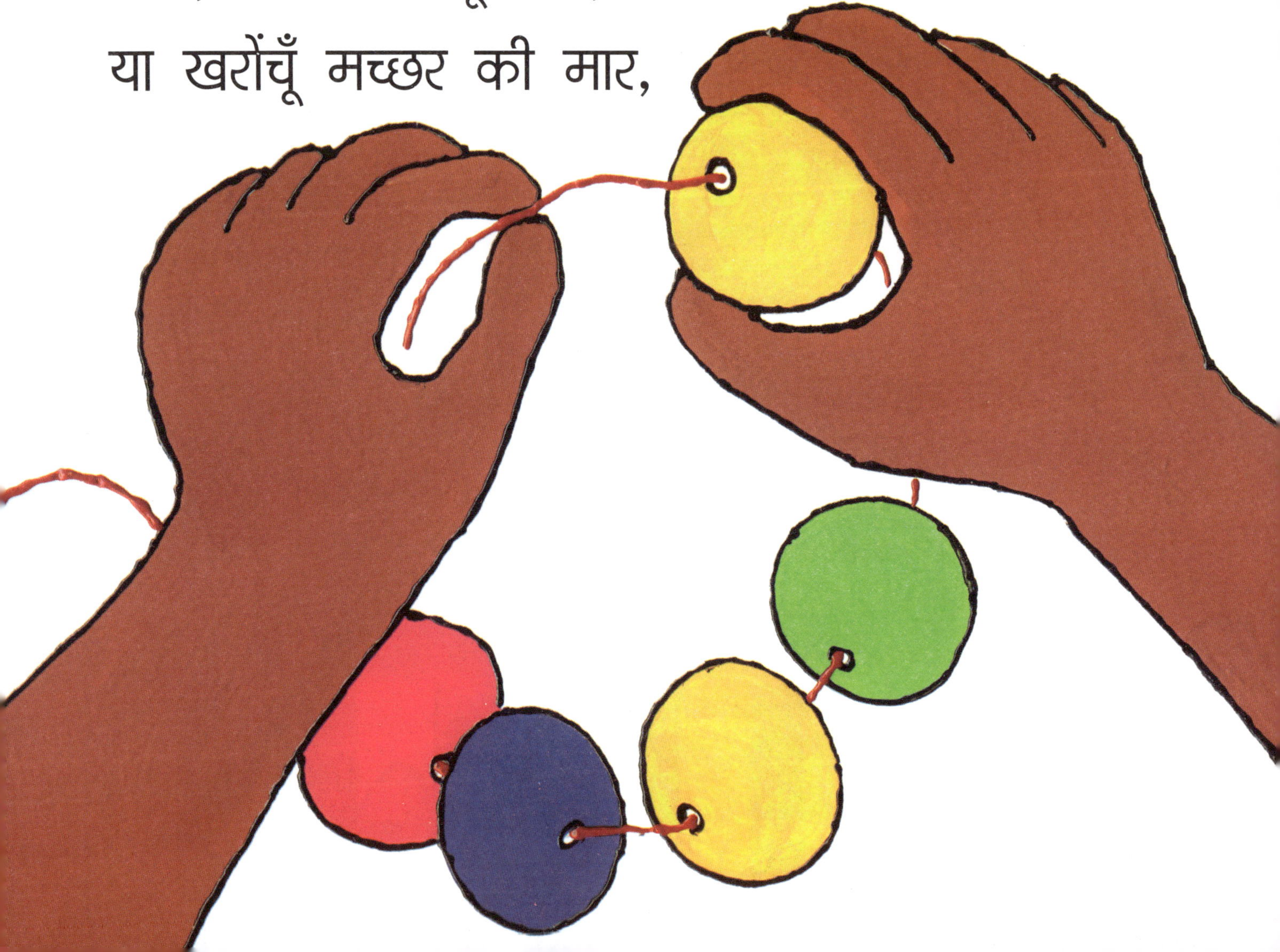

फोटो खींचूँ बत्ती बुझाऊँ
या काटूँ कागज़ से आकार।

दोस्तों के संग खेलते, इशारों की भाषा बोलते,

उँगलियों से होनेवाले काम खत्म ही नहीं होते. . .

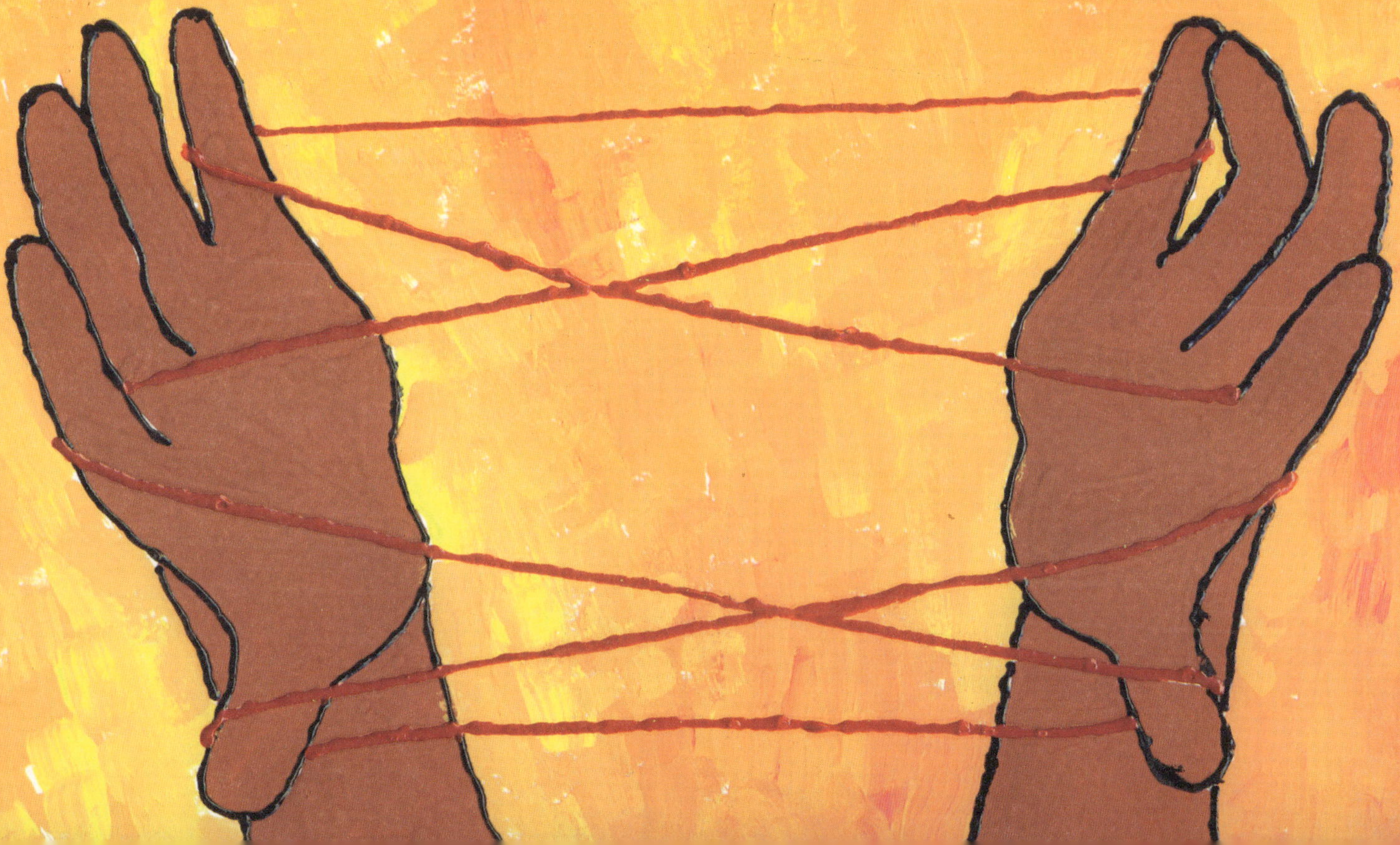

तब तक जब तक हाथ जोड़ कर कह न दूँ नमस्ते, प्रणाम।

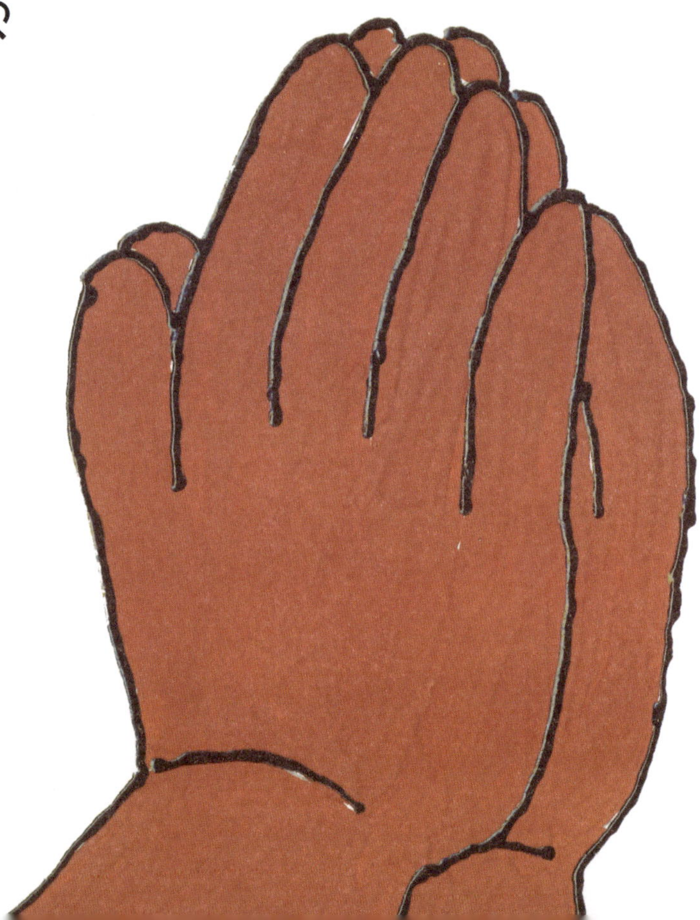

या सारी उँगलियाँ हिला कर बोलूँ
टाटा। बाय। अब हो गई शाम।

To my twins Devika and Radhika whose
little fingers accomplished great things.
- Sheila

For Mahi, who has little hands.
- Mugdha

Nanhi Ungliyaan (Hindi)

ISBN 978-81-8146-802-4

First published in India, 2010
Ninth reprint, 2025

Originally in English

Published by
Tulika Publishers, 305 Manickam Avenue, TTK Road, Alwarpet, Chennai 600 018, India
email reachus@tulikabooks.com *website* www.tulikabooks.com

Printed and bound by
Sterling Prints, Chennai, India